JN409061

섬이 물꽃이라고?

김정희 시집

시와사람

이 도서의 국립중앙도서관 출판예정도서목록(CIP)은
서지정보유통지원시스템 홈페이지(http://seoji.nl.go.kr)와
국가자료종합목록 구축시스템(http://kolis-net.nl.go.kr)에서 이용하실 수 있습니다.
(CIP제어번호 : CIP2020046479)

섬이 물꽃이라고?

■ 책머리에

어느새 11월이다.

가슴에 스며드는 차가움과 쓸쓸함에 의자를 당겨 더운 차를 마신다.

'가장 선한 것은 무릇 우리가 가장 사랑하는 것이어야 한다.'

비중이 같은 갈등이 있을 때 선택이 난감하면 떠올리는 말이다.

살면서 몇 번씩 부딪쳐야 하는 경계에 혼자 서게 되거나 자꾸 한쪽으로만 기울어진 슬픔이 밀려 올 때 가장 사랑하는 것을 선택할 수 있다는 것은 초록빛 섬 같은 위안이다.

시와 여행, 온전히 혼자서도 가능한 일이기에 더러 속상한 마음을 챙기며 그 길을 걸었다.

집 바깥에서의 그리운 흔적들을 하필 내 가난한 언어의 그물로 건져 올린다. 어딘가로 떠난다는 것은 '도달할 수 없는 아름다움'과 연결되어 있다고 했다. 기억만큼 산만한 기록인 것 같아 미안하고 부끄럽다.

내내 고마웠던 분들을 위해 가을날처럼 채색된 부끄러움을 바친다.

2020. 11. 1. 작가

차 례

2 별나라 우물은 어디에 숨었을까?

3 숲속의 게스트하우스

4 물 위를 걷는 풀꽃

1

저녁 풍경

저녁답

마침표처럼
바람이 분다

유리창을 흔드는
하루치의 걱정과 기도가
저녁안개에 스며들면
골목길에서 가로등이
게으른 얼굴을 내민다

지나간 시간은
쓸쓸한 예감이 되고
이 도시에서는
꽃들이 혼자 피었다 시드는 것을
아무도 눈여겨보지 않았다

사랑도 사람을 잊어버리는
우울한 도시의 저녁
새들은 빈 가지에서 노숙을 하고
문득 마음의 단추를 풀어 놓으면
새삼 지워진 이름이
목울대 가득 차오는

비릿한 그리움의 시간

우리들의 저녁답.

저녁풍경

어두운 하늘
문턱에서 노을은 발그레 취해갔다
거리의 상점마다 튀어나온 불빛들이
행인의 어깨를 툭툭 치고
섬처럼 그대 가슴의 반이
비밀의 바다로 사라진다

해풍이 고기떼를 몰아가고
비늘만 은화처럼 반짝이는 어둠속에서
욕망의 기억이 세월을 흩어 놓는데
그대가 세월 속으로 걸어갔다
거리마다 무수한 사람들은
화석이 되어 가고

막무가내로 낡아가는
아득한 슬픈 그림자들
어두운 내 저녁의 생각 속으로
그대의 긴 여정이 기대어온다
시간을 밟고 가는 저 별들처럼
제 무게 애절히 멀어서.

봄 눈

눈이 왔다
헤어지던 날
오래 지켜보던 네 눈빛
내리는 눈발에 소실점처럼
멀어지고

안개꽃 같은 봄눈
후회처럼
속눈썹에 물방울이 매달린다

늘 이별을 저지른 다음
돌아가고 싶은 마음
허기진 주문은
또 얼마나 옹색하던가

어쩔 수 없다 어쩔 수 없다
오래 바라보면 가끔
별도 힘겨워 떨어진다

봄눈!
아프고 매서운 어긋남이여

또 하나의 봄

판문점 군사분계선 세계를 흔든 "23초"가 뉴스 화면을 가득 채웁니다

내 부모님 태어나고 공부하고 해당화 같은 꿈을 키우던 북녘 땅은 이제 새로운 평화가 시작되는 걸까요. 견딜 수 없는 안부와 헤매다 지친 그리움의 밤, 장마비 같은 서러움이 대성통곡하던 밤, 그 많은 폐허에 다시 열리는 길, '또 하나의 봄'이 연초록 풀꽃처럼 피었습니다. 이제는 돌아오지 못하는 먼 나라의 뜨락에 내 부모님의 저 여린 꽃잎들 날아가 닿을까요 그토록 짧은 금하나 꿈속을 건너며 그립고 그리운 고향 이야기에 그늘을 간직하던 당신의 황망함은 어느 나라에 계신지 궁금하지만 이 저녁에 평화의 새로운 시작이 열매가 열릴 때를 기다립니다. 그대 찬란한 봄입니다.

철쭉제

여러 날을 서성이다
철쭉이 피던 날
구겨진 꽃잎 사이로
맨몸을 앉혔다가 몰려나온
저 우연한 햇빛의 인연

숨 막히는 절정의 뒤에
그대 흐린 삶
다시 환해지고
바람의 갈피 갈피에
꽃잎처럼 눈을 뜬다

침묵과 침묵 사이에
스스로 피는 꽃
나는 하루 종일 말을 찾다
긴 산 그림자 따라 돌아서고
노을만 남아 진한 울음을 번져낸다

목련

목련이 필 때는 필시
누군가 간절히
그리운 이름을 부르는 것 같다
하얗게 빛나는
창백한 목소리가 끝은 아닐거야

지는 목련 앞에
발걸음 멈추고 문상한다
혼자 인사하고
두 손을 모으면
아직 싸늘한 바람
다시 돌아서 걷는다

질 때 보면
동백이 남자답지요
왜 꽃들에게
세상 한끝에서 지는 마음
물어보지 않았을까

말하지 않건만
지는 목련의 흙빛 표정에는

누구도 영원히 살지 않는다고
하늘을 움켜 잡는다

헌화가

천길 벼랑에
숨소리 환하게 피는 꽃
어쩌자고 눈빛 마주쳐
목숨을 주어도 아깝지 않았다

사랑에는
사랑 아닌 것 하나도 없어
사랑하노라 한마디
뼈에 새긴 주술로
벼랑을 오르는 사람아

마음은 어디쯤에서 멈추었을까
사랑을 잃은 눈빛만 아프다
그대여, 사랑하는 것은
상처와 목숨을 주어야 하는 일

자줏빛 암소
황급히 묶어 두고
헌화가를 부르던 견우노옹*
나무라지 않으니 이제
어떤 달콤한

추억으로도 돌아오지 마라

기꺼이 허공을 건너는 풍경
꿈결이든 어느 생에서든
꽃의 기억으로 다시 만나리

*신라 '향가' 중에 작자 미상의 노래 중 「헌화가」를 수로부인에게 바쳤던 인물.

섬진강에서

압록쯤에 와서는
더 가까이 귀를 대고
강물소리에
젖자

저리 싱싱한 물살 앞에
무엇을 바라는가, 나의 사람아

한 사흘쯤
돌아가지 않는다면
그대 눈먼 사랑도
저 강물처럼 흐르다가
기나긴 눈을 뜰까

모래알들이
수석수석 웃는다
해지는 강물이
고백처럼 반짝인다

내 안에는
심장 뛰는 소리로
그대 지금 웃고 있다.

전람회의 동화

햇빛 맑은 날 고향집 마당에
무지개를 걸어 놓은 구순의 어머니

분주한 햇빛은 넉넉히 풀어놓고
능소화 향기 보이지 않게 자맥질하면
하늘색 지붕위에 꽃가지 하나 흔들린다

은빛 머리칼 눈은 조금 감아도 보지만
꽃봉오리 번지는 고요의 순간
어머니 그리움으로 날아 온 새
단정한 이마에 기도로 닿는다

말하지 않는 새, 말하지 않는 꽃
그러나 모르는 사이
명랑하게 지저귀는 새들
꽃과 나무와 크레파스
어머니 숨겨둔 사랑 이야기

동화 한편 예쁘게 엮으신 어머니
사르르 고운 꿈길을
산책하신다.

그 후

잘 가라
지나온 발자국들
고운 마음 머무르던 자리
바람도 눈 부비며 울고 있다

어깨로 온 통증처럼
아무 것도 아닌 슬픔과
힘에 겨운 그리움은
어느 날 낫지 않겠니

벽시계의 초침을 세는 날
들키고 마는 초조함
견딜 수 있을 만큼
참아내다 입술이 마른다

벽에는 암각화처럼 우리들
영혼의 무늬가 돋을새김 되고
나는 오늘도 주문을 외운다
이 넓은 세상에서
외로워지는 연습은
숨 한번 길게 쉬는 일이라고.

비오는 날

아무것도 하고 싶지 않은 날
비 맞는 나뭇가지를 흔들며
생각을 정리하는 새들을 본다

빗방울의 리듬에
더듬더듬 악보를 새기며
땅위에 무게를 내려놓는
가을 나뭇잎

툭툭 빗물을 털며
둥근 우산들이
흩어지는 사이
짧은 순간 날개를 털고
허공으로 뛰어드는 새
일. 이. 삼. 사. 오…

지상의 악기를 연주하며
깨지는 유리 빗방울
빗방울 하나에 풍경이 들어있네
빗방울 하나에 사람이 지나가네

호수

누구도 손대지 않은
연꽃의 여린 속살
눈을 뜨듯 꽃잎 핀다
호수의 눈빛이
부질없이 흔들린다

부끄러움 물든
꽃잎들 물결 위에
부처의 문장을 쓰고
허둥대는 햇살에
호수의 한 살림이 어지럽다

수런스런 봄날에
오히려 뜨거운 몸살을 앓는
나의 탐욕

보은염 소금길

구멍 숭숭 뚫린 바람이
억새의 가벼운 살림에
세 들어 사는 마을

검단선사는 마음 길 멈추고
선운사를 세워
산 밖의 당신을 위해
바닷가 갯벌에서 소금을 구웠다

소금 팔아 개과천선
부자가 되었다는 사등 사람들
오래 전 떠난 선사의
안부를 물으며
아름다운 보은염 소금길을 만든다

바쁜 걸음 노을은
먹감 빛 하늘에 걸리고
나무숲에서 천 년 전 그때처럼
되돌릴 수 없는 바람이 뛰어 내린다

저 거룩한 참회.

백양사에서

보일 듯 말듯
달빛이 나뭇가지마다
숨어든 절 마당
경 읽는 소리
고요 앞에 쌓인다

촉촉이 젖은 얼굴로
뒤척이며 배낭을 꾸리고
웅크린 마음도 포개어 담고
가을 산사에 왔다

독경 외는 스님
발자국 마다 눈물마다
두근거리는 맑은 생각
별의 입김으로
해탈하는 밤

간신히 생각의 싹을 자르자
다시 촉을 틔우는
옹색한 그리움

절집 마당엔 전생이 고인다.

정암사 적멸보궁

꾸역꾸역 산맥을 지나는 바람이 나를 업고 간다
어느 날 아주 먼별에 가 닿는 꿈을 꾼다
태백산중턱 아라리 가락이 마중 나오고
천연덕스럽게
아, 사시사철 그리운 님,
머리를 자르고 싶다

아라리 아라리
모질고 모진 생명 부서지고
아직 별에 닿지 못한
수마노 탑아래 탑돌이 하는 그대
내 삶에 사랑 같은 건 없다, 한 때의 구름이
중얼거리며 지나간다

시간이 풍경을 끌고
전나무 숲 사이로 사라지면
저물녘 아우라지 냇가에
그대 매어두고
'아우라지' '아우라지'
타전을 보내듯 생각마저 저물어
노을에 섞이는

시간의 풍경

공자님의 궁전
향교 대성전 뜨락에
11월과 12월 사이
시를 쓰는 나뭇잎
시간의 풍경소리 매달린다

비와 바람, 구름과 햇살이
꽃도 향기도 없는
생각 많은 나뭇잎에 머물면
연한 속살부터 물들었다

바람 부는 날
무사히 지는 나뭇잎과
허공에서 선을 긋는 잔가지들이
내 유년의 기억을 두드리며
쓸쓸히 아름다운 길을 내는
시간의 풍경 속을 걸었다

먼저 떠난 이들이
행복하다 신호를 보내는지
별빛이 푸르게 내리고

모두 사라진 것은 아니라며
달빛도 발자국을 지우는 저녁

조금 무거워진 허공
휘어진 가지에 기댄
한 편의 詩!
지상의 펜촉으로 그린다

화폭하나 가슴에 남는다

그대는 누구인가

가을과 겨울 사이
단풍나무 숲은 어떤가요
산방산 언덕길 키 큰 부처님
저 아래 용마리 풍경을
오래 지켜보시다
아예 눈감고 웃으신다

전전긍긍 숨어있던 비밀
오래 전 내 마음을 비켜간
그 언약들 내려놓으려
산방굴사 오르는 길
돌계단 한 끝에 새겨진 글

'성 안내는 그 얼굴이 참다운 공양이구요
부드러운 말 한마디 미묘한 향이로다
깨끗이 티가 없는 진실한 그 마음이
언제나 한결같은 부처님 마음일세……'

아, 그대는 누구인가
어지러운 문장들을
지우며 완성되는 질문

산방굴사 부처님은
아직 저 길 끝에 계시는데

주부일기

장마 그치니
빨래들 서로 서로 어우러지고
낡은 세탁기 소음쯤 되는
세상의 근심걱정 털털 털어서
빨래줄 가득
기억을 말리고 있다

탱글탱글한 햇살이
그대 웃자란 일상들을
하얗게 바래게 했을까
블라우스 단추에 걸린
얇은 주름들만 눈부시다

구겨진 흔적만 남은
너의 분주한 빨래와 빨래들도
적당한 거리가 있어야 하기에
만져주며 두드리며 펴고
줄을 세우는 그대 등 뒤로
활처럼 굽은 등뼈를 넘어
8월 장마 끝난 뒤
사람 사람 미소를 만나고 싶다

2

별나라 우물은 어디에 숨었을까?

장미정원

'장미를 준비하고 있으니 담장 안으로
들어서지 마시오'

얼마동안 녹색 이파리들만
울타리에 고개 내밀고 흔들리더니
뿌리를 지나온 선명한 시간
말없이 황홀한 꽃이 되었다

여자는 아이를 장미 그늘에
들여놓고 연신 웃음을 보내고
뾰족한 가시사이
상처도 없이 표정을 드러낸
장미의 돋을새김

잠깐 사이 영혼까지 피워낸
낡은 꽃잎들
올이 풀려가듯 주르르
땅위에 내려앉고
출렁이는 생각
돌아서는 발자국이 무겁다

이제쯤 꽃들의 한 생애를
소리 내어 읽어보자
여자는 팔짱을 끼고
'영원한 사랑' 꽃말을 읽었다

꽃잎 그리고 화살

꽃나무 그늘에 서면
바람의 기울기가 수상하다
보자기만한 부력을 잃고
쏟아지는 꽃잎의 화살들
생각을 끄고
날리는 화살들 받을까 말까

바람은 어디에서 흐르는가
꽃나무 툭툭 떨어지는 화살들이
풋풋하게 날리는 사무치는 마음이면
-'괜찮을 거야'
풀잎들은 까닥까닥 온몸을 흔든다

보랏빛 그을음처럼
멀리 일몰의 발자국이 번지고
무심코 만나는 저녁 공기
너를 지우고 풍경을 깁는다
아, 아픈 저녁은 낫지 않는 걸까

내 손바닥에 쥐어진 화살처럼
내가 울음 따라 숨죽이던 꽃잎들

짧은 응답으로 다시 올 거야
환하게 환하게 다시 필 거야.

연꽃

말갛게 이슬 고이는 아침
깨끗하고 기품 있게
연꽃이 핀다
열 오른 이마를 짚으며
요염하게 미소 짓는
마음, 알 수 없다

태양도 넋 놓고
사방으로 화살을 날린다
형형색색의 분광
이후 진흙탕에 남는 초록의
넓은 경계

고개 숙인 연밥마저
호수 바닥으로 얼굴을 묻으면
마음으로 마음에 전하는
염화시중의 미소를
내가 만날까

갈대

무엇에나 흔들리고 싶은 가을

들판을 장악한 바람
실핏줄까지 환호하는 갈대
맨발의 아이처럼 깔깔 거리고

긴 습지의 목덜미를 핥으며
쓸어 올리는 눈부신 머리칼
온 몸으로 추스르는
산만한 살림살이

간질간질 부풀어 오른 그리움
솜털처럼 흩날리며
가는 곳 까지 가보자
누구에게라도 밝아지고 싶은
지금은 가을

바람이 발자국을 내다

나뭇가지사이
바람이 물결무늬를 찍는다
발자국은 나이테를 그린다
먹감나무 아래 멈추어 서서
살아온 세월에 대해 이야기 한다

잠시 숨을 멈추고 돌아보면
날줄 씨줄
연초록 봄의 양탄자가 눈부시다
가지마다 탄력 있게 매달려
눈뜨는 봄, 불길 같았다

불길 앞에서 손을 녹이다
밤이면 안부를 묻던 별들이
바람의 발자국 사이로
사라지는 것을 보았다

봄날에는
바람의 발자국 사이에서
별과 꽃들이 복사된다

어느 날 호수에

하염없이 글썽이는 눈빛들
달래자 달래보자
연꽃이 져버린
호수에 가 보았다

불빛 사이 그늘이 걸어 들어와
조등弔燈을 내다 걸고
기억을 살려낼 수도 없이
살을 베어 낸 상처마다
꽃도 열매도 아닌
마른 연꽃자리

쓸쓸함이란 지푸라기같이 가벼운 것일까
바라보면 까맣게 지워져서
구겨진 그대 생각도
세상의 일부라 생각하자

지는 꽃이란 잊혀진 꽃인가
그대를 잊지 않는다
간간이 출렁이며 넘어지는
길고 긴 너와 나
우리 인연

겨울 숲에서

겨울 숲으로 가는 길

눈 내리는 소리
투명한 종소리
귀를 세워 들었다

작은 소리 하나가
숲 전체를 덮었다
키 큰 나무의 등뼈 부근
떨림이 귀퉁이에서부터
뿌리로 내려갔다

아무도 모르게 나무의 내공을
켜켜이 쌓는 하얀 눈.

고래일기

너의 부족들이
바다 저 푸른 물살아래
먼 조상 대대로 살던 곳

매 순간 위태로움과
흔들리는 적막함
별빛 부서지는 쓸쓸한 밤이면
몇 겹 물거품을 따라
먼 바다를 찾아 나섰다

허나 은빛 포경선 보다
크고 싱싱한 고래가
저리 환한 공중으로 솟구칠 때
꼬리를 세우고 기뻐하던 가족

바다 쪽을 기웃대던
별자리들도
겸하여 하늘을 웃어 주었다
고래는 썰물처럼 등이 보였다

산길에서

봄비 내리고
도랑물에 막 씻은 햇빛
돌멩이들 유난히 말갛다

들릴 듯 말듯
따라오는 소리
걸음을 멈추고 돌아보니
이제 막 옷을 바꿔 입으려는
벚나무!
반짝 반짝 꽃이 진다

내가 오르던 산길에서
걸음을 재촉하던 다른 꽃
눈부신 세상을 기다리며
새들이 일렬로 숨는다

피고 지고
살고 아파하고
시간이 자취를 감추는 것
모든 이별과
모든 안부는
사소하게 아름답다

동백

오동도에서 자자일촌 한다는 동백
길안내나 부탁하려고 찾았더니

하나, 둘, 셋
리본 같은 몸들이
망각의 바람에
툭, 툭 풀어진다

각혈 같은 마지막 입맞춤

핏물이 배도록 밟히고 싶은
꽃과 햇빛 사이
힘줄 불거진 선홍빛 꽃자리에

낭자한 이별을 묻고
또 얼마나 아파야 하는가.

별나라 우물은 어디에 숨었을까?

– 양림숲 호랑가시나무 샘터에서

물결무늬 바람 따라
떡갈나무 마른 잎들 어긋나며
저리 가벼운 보자기로
별나라 우물 하나
씨줄 날줄 숨겨 두었다

파란 눈의 천사
백의의 별을 헤며 살았다는
호랑가시나무 숲길사이
부리 고운 새들이
물 한 모금 물고 날아간
그리운 날의 빨래터

어느 이른 아침이면
근심처럼 안개도 흘렀으리
꽃처럼 옮겨간 네 사랑도
저 물속 깊이
고스란히 멈추었으리

내 오늘은

하늘 한쪽 기슭 물가에 앉아
사라진 물소리를 바라본다
탱탱한 촉, 고요한 그리움
두 손 모아 만져본다.

빙월당의 노을

구름은
꽃잎 되어 바람과 만나고

내 안에 계시는 그대
아득한 빙월당은 노을로 지는가

황홀한 실개천
길을 열어
물안개 끈끈한 황룡강은 깊어가고

대숲 사이 달빛 발자국
지우지 못한 그리움
백우산 이마 쌓이고 쌓이면

그대 미륵처럼 떠오르네.

완사천浣紗川 물빛

버드나무 가지마다 어린 눈들
이슬로 맺히고
보푸라기 같은 풀잎들
바람을 물고 흔들리는데
낮은 자리 지켜보는 이 없어
파르르 바닥까지 물빛이 맴돈다

그적에 그대의 숨결이 빠지고
달려온 시간 앞에
왕가의 전설이 고이면
버들잎 물위에 떠올라
달빛 빠진 물 항아리
깊고 깊은 사랑을
길어 올린다

지리산 둘레길

-인월에서 장항까지

길을 걸으면서도
노심초사했다
마음이 가고 싶어 하던 길

사이사이 감추어둔
추억을 잘게 부수면
안개 같은 공기의 파동사이로
어지럽게 몰려오는 숲의 향기

행여 조심성 없는 바람이
잎사귀 엉키어 흔들면
한 잎, 한 잎
얇은 책장을 넘기며 듣는
새 소리는 어느 하늘에서
흘러오는지

달개비 숨어 피는 산골마을
소나무 휘어진 가지
걸어서 닿아야 하는
그리움의 주춧돌이 있는 자리
지리산 둘레길

어떤 능소화

그곳을 지날 때
휘파람 소리가 났다

꽃잎에 앉은 햇살
몰래 숨어든 향기
허공이 시원하다

누구도 눈치채지 못하게
바람을 움켜쥐던
어떤 능소화가
눈물에 젖어 있었다.

빗소리

얼마나 멀리 왔을까
모든 궁금한 출발

간절하나 보이지 않는 기도
둥근 지붕 위를
기어오른 호박 줄기의 조바심
물방울의 성근 연주
그 연둣빛 파열음이 가깝다

땅위에서 온천수처럼
솟는 빗줄기
산그늘로 날아가는 새들의
빛나는 화살기도 같이
다독다독 내리는 빗소리

흰 뿌리 드러낸 나무
낮은 구름 산 쪽으로 기대고
두 귀를 모아 듣는다

카페 '천사와 함께'

유리문에
습자지처럼 배인
음악과 커피향의 풍경

우두커니
식빵을 뜯어내는 손
마시고 마시면서도
배가 고프다

한 잔의 커피와
한 장의 풍경과
잠시 머무는 침묵,
채송화 무늬로 번지는 생각

카페 '천사와 함께'
내 영혼의 슬픈 외곽

3

숲속의 게스트하우스

천 년

한 낮에도 고요가 쌓이는
칠석동 옻돌 마을
소의 고삐를 매기 위해 심었다는
8백년 된 은행나무

전해오는 이야기로
은행나무는
1억 5천만 년 전
저 멀리 아름다운 별에서
사람 사는 마을로 옮겨 왔다

어떤 이는 말했다
히로시마, 무섭고 무서운 원폭이
목숨을 모두 거두어간 자리
그 일 년 뒤 폐허에서
은행나무가 제일 먼저 자라더라고

티베트 고승들도 명상의 시간에
은행잎 차를 달여 마시며
달려드는 잠을 쫓았다지만
칠석동 은행나무는

한 천년이 다가도록 뜬 눈으로
그 자리를 떠나지 않았다

가을 오면 노오란 사랑의 힘
서편 하늘을 가득 덮어 버리는
칠석동 은행나무 아래서
아무 일 없었던 것처럼
너를 기다리고 싶다

크레바스의 비급秘笈

보이지 않는 두려움에
씻고 또 씻는 거품의 손
숨소리도 새지 못하게
입과 코를 가리고
눈빛에 마음을 옮긴다

무협영화 속 강호의 고수들은
복면으로 욕망을 가리고
땅과 물에 취해
꼿꼿한 바위를 날아 오른다
말을 타고 달리던 영화로운 가문도
낙엽처럼 흩어지고 소문마저 잠재워진
바람 맑은 날 비급을 남기고
고수는 홀연히 떠났다

우리 발 딛고 살아야 하는 날의
푸른 숨결과 싱싱한 뿌리를 위해
처절한 눈빛을 기울기로 전하는
우리 시대의 비급은 암호 메시지와
텔레비전 속 우주복 전사들의
해탈 같은 기다림이

해독제처럼 뿌려진 정체불명을 밝힐까

투명한 실험실의 커튼이 살랑인다
시간의 균열을 빠져나간 누군가
무리 속에 섞이다가 크레바스로 떨어진다
떨어진 숫자는 죄목처럼 남았다

혼밥, 혼술, 혼자 풍경의 전성시대
바이러스가 덮치면 어떤 눈빛을 볼까
서로서로 움켜진 경계를 열어두고
그대 화면의 메아리를 묻노니
무사가 말달리던 어느 세상인가
황량한 초원에 말발굽이 되려한다.

*가장 소중히 보존되는 책

낮 술

세상은 거짓투성이구나
못생긴 목소리로
괜스레 화를 내어 본다

가을 햇살을 훔쳐 내어
낮술 마신 오후
나의 친애하는 이웃들은
풀꽃 빛깔로 물들어 가고

바람이 미치다 말고
비는 오려다 말고
누구와 눈이 맞으려다 마는
지루하고 무사한 날
낮술 한 잔!

천불 천탑

천불 천탑 흐린 그림자에
멈추어 선 풍경소리
돌부처의 어깨위로
물살의 곡선처럼 흐르는 바람

잠깐 그늘을 당겨
못난이 돌부처는 풍화의 고통을
어찌 건넸을까
이끼 낀 동냥치 탑신 아래
굴절된 세월을 다시 세우며
불꽃같은 꽃잎이 세월 위에 진다

산언덕 솔가지마다
돛배를 수선하는 노을녘의 석수장이
마주잡은 손 하얗게 바래도록
하룻밤 전설을 기다리다 건너면
날마다 어려지는 부처
극락 기다리는 천 개의 응석받이네

섬이 물꽃이라고?

다리 위에서 섬들은
초록빛 물꽃이다

섬과 섬 사이
흰나비 물거품 위로
징검다리 놓고 싶다

징검돌 밟으며
너 또한 달려오면
눈여겨보지 않던 파도
종일을 울먹이며 출렁이리라

차창에 비치는 마을
부풀어 오르는 말랑말랑한 섬
저 사이 다리가 없어도
머릿속을 흔드는 출렁다리

하루에도 몇 번씩
철썩철썩 물꽃을 피우는
파도의 부족들을 만나러
그 섬에 가고 싶다.

평사리

거미줄을 숭숭 지나온
바람 한 줄기
서희*의 별자리를 막 떠나와
평사리 푸른 숲에
꽃잎으로 피는가

당신이 걸어간 길
눈에 밟히는 발자국마저 놓아주고
나무향기 은은한 빗장을 걸면
손톱 밑 머리카락 한 올까지
물결의 시간이 차오르면
천년 뒤 사연 깊은 서랍을 열 듯
가만히 눈부신 이야기 듣는다

우리가 어디에서 시작하면
저 앞에 은은한 평사리
그 오랜 기억의 숲 한 채 끌고
고단한 생의 언덕을 넘을 수 있을까

*박경리의 소설 『토지』 중의 최참판댁의 셋째 딸로 최씨 가문을 이어가는, 굳은 의지를 지닌 인물.

너는 충분히 좋아질거야

- 다낭에서

시간을 조금 당겨 보자
공항 가는 길 유리창 밖 눈보라
상상의 갈피에서
남국은 내비게이션의 종료 방향

너는 충분히 좋아질거야
마블마운틴* 언덕을 오를 때
어떤 도망은 다 잊고
옆 사람 손만 꼭 잡아
저 가게는 국수 맛이
혀를 엉키게 하지

아무 것도 걱정하지 마
밤의 해변에서 별을 보며
두근거리는 가슴에
망원경을 대어 보면
별들은 무슨 생각을 하는지
왜 광채가 나는지
금방 알 수 있지

내게 황홀한 말을 걸던 바다와
낯익은 회색 자전거, 세시의 성당
창틀에서 흔들리던 노란색 꽃
기대에 어긋나지 않는 순간이
몇 번쯤 있었다면
저런 풍경일까

어느 날 나는
빈 여행가방 앞에
오래 앉아 있었다

*마블마운틴 : 다낭 오행산의 영어이름

소록도

꽃들은 날마다 수수히
피었다 지고
어느 것에도 기울지 않는
작은 사슴의 섬

송림을 따라 걸으면
스미듯 모래벌을 적시는 물결
수탄장* 앞에서
그대 눈을 감았는가?
공원 구라탑에 새긴 '한센병은 낫는다'

흙더미 사이
소리 없는 울음으로 다가선
벽돌공장이 있던 자리
푸른 상처의 시간을 모아
단종대*의 청춘을 다시 쓴다면

다음 생에는 소록도 송림 숲
백년의 슬픔을 노래하는
착한 새이거나
바닷가 모래알 사이

파르르 떨며
독한 꽃송이로 피고 싶다

입술을 깨물어도 구름은 흘러가고
지상의 꽃과 잎은
대답하지 않았다
그 날의 청춘을 모르노라
기어이 알 수 없노라고

*수탄장 : 수탄장은 과거 약 사십 년 전에 소록도 미감아들이 보육소에서 자라면서 한 달에 한 번 혹은 정기적으로 길 양쪽으로 서서 부모와 자식들이 면회를 했던 장소이다.

*단종대 : 한센병을 유전병으로 생각한 일본인들은 한센 환우들끼리 결혼을 하면 자녀를 낳지 못하게 결혼 전에 반드시 단종대에서 마취없이 정관수술을 받도록 했다.

숲속의 게스트하우스

–양림동 선교사 사택에서

영혼이 맑은 이들이
우물 같은 집을 짓고
이곳을 살았다 한다

지구의 한쪽에서
먼 나라의 호두가 별처럼 떨어진다
나무들의 푸른 심장 위에
가을이 붉은 마음을 얹었다

녹슬고 삐걱거리는 은혜의 집을
털어내고 닦아내던 손들이
교회당 종소리에 이마를 닦을 무렵
불빛마다 못질을 하는 골목길 풍경

사랑아, 이제는
사랑하는 이에게 한사코 묻자
그리움은 어느 문으로 당도하는지

달빛 촉촉한 강물을 건너는
상사화는 주홍빛을 택했다

따뜻하고 고요한 새들의 화음
그대의 추억을 손바닥처럼 들여다본
오래된 마침표 같은 그 집

앙코르 왓트

그대 아는가
나는 지금
거대한 돌의 도시
앙코르와트에 있다

그대가 거닐던
이 숲길에서 오래 전 떠났던 마음들이
왜 되돌아오는지
되돌아온 것들이
차가운 돌들의 살갗을 비벼대며
뜨거운 불꽃으로 피어나는지
오래 오래 생각했다

오래 된 나무들은
뼛속까지 깊어진 상처를 보듬고
되살아난 피와 살로
신들의 거처를 엮고 있다

추억을 잃고 떨어지는 나뭇잎
등이 굽은 노승은
수미산너머 톤레샵 호수를 건너

그대가 다시 오리라
믿고 있을까

사람도 시간도
덤덤한 슬픔도
돌, 오직 돌이 되어 남아 있는
앙코르와트에서
그대 끊임없는 욕망도
찬란히 낡아간다

태풍

나무들 한 방향으로
구겨지고 있다
떨어진 꽃향기와
사람들의 소문이
빗물에 섞여 흐른다
담 모퉁이에 줄장미가
무엇에 놀란 듯
잠깐 비명을 지른다
텔레비전 화면에 리포터가
흠씬 젖어 있고
여기 저기 산에서
토해 놓은 흙들이
민망한 속살을 드러내고
나뭇가지 찢긴 상처에
인정도 없이 흙물이 쏟아져 내린다

속수무책 태풍의 진로와
흔들리며 버티다 쓰러진 집들
어쩌면 태풍의 눈에 갇힌
해질 무렵 술 취한 그대의 뒷모습

이별

-세월호 1

가지 마라, 가지 마라
적막한 인사마저 못하고
돌아서 가버린 길
미처 닫지 못해 반쯤 열린 문

날마다 글썽이는 눈물
너를 향해 가지 뻗은
저렇게 많은 나무들의
노란 리본

이게 뭐냐고 서러워마라
나는 보냈고 너는 돌아섰다
그렇게 다시 돌아오고 싶으면
거짓 맹세라도 해야지,

노란 꽃잎 사이로
흐르는 바람 오늘은
붙잡아 놓고 얘기해야지
잊지 않을게, 정말 맹세 해야지.

너는 지금도 오고 있다

-세월호 2

사랑아, 어느 봄날
글썽이는 눈물 멈춘
그 하루만이라도

노란 리본의 나무아래
네가 다시 돌아온다면
여기 적힌 커다란 글씨의
기도를 읽어주렴

날마다 물속에 거꾸로 매달려
너 건너는 다리를 놓고
때로는 독하게 잊으리라
뼈에 새긴 그리움 종이학을 날렸다

새처럼 날아가
말없이 돌아온 손 편지
저물 무렵을 수없이 견딘
너의 주소지는
아득한 바다 저 먼 곳

물 아래 네가 돌아오는 길
아주 지워지지는 말라고
노오란 등불을 걸던 그날은
별안간 몹시 미치도록
네가 더 보고 싶었다

새벽 숲과 안개의 한 끝을 향해
가파른 물위를 걸어서
사랑아, 너는 지금도
오고 있다

먼 훗날에의 다짐

- 친구 기순에게

빛바랜 주소록에 너는 없지만
먼 곳에서 잘 지내는지
오월의 들불과 찬란한 슬픔의 사이
'우리 한 소절의 노래되어
너는 오래오래 있었구나
'사랑도 명예도 이름도 남김없이
한 평생 나가자던 뜨거운 맹세...'*

햇빛 비치는 길을 물어
너의 둥근 얼굴과 단발머리와
장동의 학교, 문리대의 등나무와
사범대 도서관 앞 잔디밭…
너의 웃음이 가득 번지던 날
오이향의 그곳을 찾아가본다

너의 작은 방에 스몄을
살아남기 위해 걸어야했던 날들
위태로운 운명이 거기 있었지만
견딜 수 없는 곳에 너는 있었지만

때를 기다리며 서성이면서
날이 무뎌진 추억에도
우리들의 살 오른 오월이
얼마나 깊이 베일 수 있었으며
수평의 시간에 밀리기도 하는가를

친구야,
너는 지금 이곳에 없고 그곳에 있다
우리 만날 먼 훗날은 가까이 오고 있다
'…새 날이 올 때까지 흔들리지 말자…'*

*'임을 위한 행진곡' 중에서

오월의 숲

넌, 이제
슬픔도 자연스러운가

저무는 거리의 트럭마다
모란 빛 선혈을 동여 맨
착한 이웃들
골목길에는 폭력과 광기가
물결처럼 밀려들고
잠들어도 잊히지 않는 세월
저항을 멈추지 않으리라
달래고 달래보지만

흐릿해지는 기억
사람아, 먼 사람아
투신하듯 달빛이 내려와
펄럭이는 이 저녁
금남로엔 아직도
상처와 신음소리, 탄식들
숨은 별로 지켜보고 있다

40년을 떠돌았지만

기다린 날들만큼
기다려야 하는가
어두운 빌딩 숲의 힘살이
저녁 하늘을 밀고 있다

아직도 용서는 아니다
흐려지지 말자
하늘이 내려다보고 있다

그 후

모든 시간이 고여서
어둠을 모으는 저녁
그리운 것들은
풍경 하나를 만들고

그 풍경에 기대어
고통이 가끔 고개를 숙이고
이웃처럼 찾아왔다
이 시간 또한 지나가리라

비로소 슬픈 틈새가 보이면
숨어서 눈을 감았다
그렇게 오래 머물던
한여름 밤의 꿈.

4

물 위를 걷는 풀꽃

꽃이 진다, 사진처럼

–운천호의 봄날

보일 듯 말 듯
바람은 다가오고
꽃잎이 날린다
사진처럼

떨어져 누운 꽃잎들
음악을 연주하고
수면에 무반주 거미줄을 치는 별빛
아침을 여는 새들도
풍경 하나씩
가슴에 안고 날아간다

꽃그늘 여럿 흩어진 후
'어디서 무엇이 다시 되어 만나랴'*
그리운 이름들 눈부신 사이
눈뜨는 꽃잎과 꽃잎
새들도 짝을 찾아 돌아오리라

가볍게 더 가볍게
건반을 두드리며

물 주름에 봄날은 가도
나는 사진 속 봄을
오래 만지고 있다

*故김환기 화백의 그림제목

만귀정 가는 길

너무 늦었을까
습향각 연꽃들은 향기를 가두고
초승달의 쓸쓸한 기울기를
별 하나가 받들고 있다

황룡강 강줄기 따라
꼬리를 물던 바람에
묵암정사 푸른 대숲은
울음을 감추고 맞닿은 어깨를
바둥바둥 부여 잡는다

만귀정 배롱나무 꽃잎은
노을빛으로 지는데
숲 사이 벌레들의 집이 무사한지
저녁 안개 떠도는 세 개의 섬
눈물 어룽지는 취석醉石을 지나
상사화처럼 붉어진 마음으로
성석醒石을 밟는다

사는 일에 틈새가 성글어져
까닭모를 슬픔에

그대 부재중이고 싶을 때
너무 늦지 않게
한 번은 만귀정으로 돌아오라
옛 사람 그리운 목소리
가슴에 별 하나 긋고 지나간다.

산사의 붉은 꽃

– 가을, 사성암

바람의 불티는 얼마나 흔들리다
저 숲의 불꽃이 되었을까

마른 잎사귀에 떨어지는
즙 많은 햇볕 사이로
나뭇잎 하나 숨는다
시간이 흔들리고 건너편 숲들
원근을 무시한 채
한 방향을 향한다

색깔을 바꾼 바람
돌벼랑의 순례 길에서
뒤를 돌아보니
붉은 댕기만 늘어서 있다

딴 생각만하다
멈춘 바람아
아직도 기억하고 있니
내 고요한 사랑이
오래 머물던 곳

그 고운 상처가
이 산사에서 붉은 꽃으로 핀다

물 위를 걷는 풀꽃

목이 마른 저녁별이
물가에 당도하자
출렁거리는 호수
풍경 위에 겹치는 또 다른 풍경

물 위의 풀꽃들 귀를 세우고
자리를 옮겨 앉는다
까치발을 들고
물 위를 걷는 풀꽃
누구도 알아채지 못한
신비한 이야기를 나눈다

안개와 바람을 이겨낸
풀꽃들 별무리는
창백한 표정으로 소멸하고
새벽이 오고 있다

아침 햇살은 아이스크림 같이
부드럽고 행복한 연주를
풀꽃들이 기댄 허름한 이파리마다
물방울처럼 뿌려주는데

물 위를 걷는 풀꽃들
내 가장 사랑하는 것들
오래된 추억도 없이
여리고 짧은 생을
이제 지우려 하네

꽃잎은 져도 꽃은 다시 피고

하늘이 수국 빛으로 가득할 때
어깨를 토닥이며 지상엔 꽃잎이 진다
저녁 안개 은밀히 다가와 팔을 벌리면
내 하루는 어느 새 꽃이 지듯 흩어지고
그리움으로 반응하는 온몸의 실핏줄

사람들 마음이 꽃잎처럼 접히는데
왜 낫지 않는 걸까
내 아픈 사람이여 사랑이여
잘못 든 길처럼 아득한 마음
허나 꽃들은 다시 피고
하늘엔 푸른 별,
누군가 내게 오고 있다.

바람의 진화

벚나무 아래 서서
바람이 만든 물결무늬를
바라보았다

잠시 숨을 멈추고 보면
연분홍 꽃잎이
폴폴 날아간 길은
눈부시다

탄력 있게 매달린
봄의 가지들과
갓 돋아난 새 잎들이
쭈욱 초록의 팔을
들어 올리는 풍경

아, 바람도 진화 하고 있구나!

월정리 연가

나무 의자 몇 개가
파도를 끌고 온 푸른 새처럼
해변을 날다가 나란히 앉는다

햇살내리는 월정리에
의자를 비워놓고
기도처럼 물결이 스미는 곳
모래에 찍힌 발자국을 세어본다

가득 거품을 물고
입술을 집중하여 달려오는 파도
가는 눈 뜨고 수평선을 당기면
한 사람이 거기 서 있다

넘어지고 깊어지고 물구나무를 서고
그리 쉽게 앵돌아진 파도
마음이 마음을 떠난 뒤
월정리는 그렇게 길을 잃었다

자꾸 물러서는 발자국을 밟으며
슬픔의 인기척을 따라서 간다

나는 다시 바다로 가야겠다
불면의 월정리를 흘러가고 싶다.

목 백일홍이 있는 길

저런 찬란은 어려운 일
가로수길 목 백일홍 가지들은
시름 시름 몸살을 앓더니
끝내 열기가 터져
석달 열흘, 백일동안
붉은 절창을 토했다

저 꽃잎 지고 피고
또 피고 지고
다급하게 다시 피면
이 한해는 대풍이라던 소문

사람들은 불을 끄고 집에 갇혀도
떠났던 사랑이 웃으며 돌아오는 길
기다림의 붉은 등불을 내다걸고
슬퍼하지 않는 목 백일홍의 뿌리

한여름 지나 가을까지
실하게 한 철을 버티는 꽃나무
도시의 수많은 사람들
울며 웃으며 흘러간 길

기억보다 낡은 길 위에서
마음을 따뜻하게 적시며
보글 보글 먹고 싶은
꽃들이 끓는다

저물 무렵

그랬다
보일 듯 보이지 않게
불안한 어제가
게으른 얼굴을 슬쩍 드러내고
좀처럼 돌아서지 않는다

숨죽이는 나무들
담장 위 꽃들은 아예 눈을 감는다
바람도 나무도
건너편 아파트 숲도
낮은 숨소리로 저물어 갈 무렵

꽃들이 피었다 지는 것을
아무도 눈여겨보지 않았다
사랑도 사람을 잊어버리는
저물 무렵
도시의 시계는 멈추었다
새들은 어디로 날아갔을까

우울하고 쓸쓸한 예감
소멸하는 저 빛을

보석으로 닦는 별이 있다
그래도 기대에 어긋나지 않는
시 보다 정직한 생각!

바다, 날다

월정리의 푸른 의자는
해변의 파도 높이에
키를 맞추고 있다
하품을 하는 파도
그 입술에 거품이 묻어 있다

모래밭을 달리는 소년과
셀카를 찍는 청년과
긴 머리를 날리는 여인이
꽃무늬처럼 날아오르는
월정리 달빛 해변

넘어지고 감기고 물구나무를 서고
단숨에 먹어 치우고
월정리 바다는 한낮이거나 밤이거나
싸우고 이기고 마침내
흰 나비 떼로 나른다

그토록 많은 말을 던지고
모두 알아들었다는 듯
연신 고개를 끄덕이다

다시 날아오르는
눈부신 파도의 절창이여

가을이다

즙 많은 햇살이
숱한 나뭇잎을
깊은 골짜기에 가두었다

바람의 길을 걸어간
어느 목공의
슬픈 헌화가를 따라

너무나 붉은 그대의 황홀
그 이야기를 밟으며
벼랑길을 오른다

긴 기다림에 눈먼 마애불의
어리석은 사랑이
산사를 스쳐 간 후
적막만 한 채 남았다

사람들, 그리움의 모서리에서
자꾸 넘어 진다 가을이다

적막

보랏빛 햇살이
가벼운 호수에 가면
무슨 향기일까 둥글다

저물 무렵
안개의 젖은 얼굴이
바람에 밀린다
뒷목이 서늘하다

어둠이 내린 호수
물소리의 적막
황소개구리 울음이
적막의 두께를 늘이고
아무도 없다
소리가 적막이다

기대

기쁨과 슬픔, 반반씩
초록 목줄기 뽑아 올려
붉은 상사화 피었다

멀리서도 빛나는 물결
붉은 그늘 아래
발원지를 알 수 없이
방목된 풍경

바람도 소리도 향기도 없이
골짜기의 허리를 불태우며
애끓게 타오르는 서정
온 산 어디선가
아픈 듯 슬픈 듯
새들이 숨어서 운다.

비오는 양림동

지금 양림동에 내리는 비는
오래 전 먼 길을 떠나
이곳에 도착했다

우기雨期의 거리
미술관 언덕길에도
고택의 마당에도
카페의 지붕에도
근심 가득한 표정에도
회색 빗방울이 후련하다

공중에서 흩어지는 빗방울은
양림산 그윽한 향기를
실어 오는가
가슴에 가득한 느낌표

푸른 물방울이 튀어 오르는
교회당 계단에는
투명한 물의 발자국

아, 양림동의
적막한 이별, 이 별.

소호 동동다리*

스테인드글라스 기둥에 새겨진
몇 마리 나비가 광장 중앙에서
날개를 반짝이면
비릿한 밤바다 물소리가
가볍게 당겨진다

동동 다리 따라 동동 걸으며
나란히 따라오는 웃음소리
주머니에 살그머니 담으면
화르르 퍼지는 향기 방울

수척의 멸치잡이 배에서
비틀거리는 불빛들 튀어 나와
바다의 푸른 살에 부딪치고
은빛 고기들의 위험한 군무

단단한 마음이 출렁인다

*소호 동동다리 : 여수시 소호동에 있는 물 위의 데크 산책로

인사동의 봄

꽃은 피거나 말거나
인사동의 봄날
사람들이 고개를 돌리고
걸어가고 있다

낯설고 익숙한 거리
지상의 간판들
색색의 조명이 자라고
금방 속이 비칠 것 같아
허황하다

가판대의 물건들
눈길만 맞춰도 아는 척
쉬임돌에 새겨진
황진이의 동짓달 기나긴 밤은
물레처럼 지나가고

인사동에서 밤은
천연염색의 마음
황진이를 부르며 돌아온다

저물 무렵

바람 숲 푸른 목소리가
낮과 밤의 경계를 두드리면
산들의 어깨에 쌓이는 허술함

수레로 밀려오는 고요
노을빛 적신 돌멩이 하나
멀리 던져보면
초저녁 별은 아득하다

무엇을 바라는가
그리움의 맥놀이
그것은 아련한
소문의 시작

저녁 숨소리에 날개를 적시며
날아가는 새들바라보면 눈물 나는 눈썹달

별처럼 아득한 것들 사이
발꿈치 들고 사뿐히 오는 나의 시詩!

안개

첩첩이 쌓인 산 능선 지우며
당신은 그렇게 먼 길을 왔습니다

길가의 풀들
막 눈뜨는 나무들에
뒤로 가는 마음을 벗어놓고
앞지르지 않으려고
숨죽이며 신발을 바닥에
잘 내려놓습니다.

중얼중얼 차오르는 슬픔보다
희뿌연 희망 같은 것들이
비처럼 젖은 체온을 남깁니다
머리카락 사이로
반쯤 몸을 숨기는 안개

밝은 날 이마를 대고
내 무사한 날들의
유리창을 닦을 때
가끔 깜빡이는 설레임
안개의 불씨가
아직도 켜져 있습니다

|해설|

풍경의 채록, 그 삽상함과 부드러움에 대하여

김 종 (화가, 시인)

|해설|

풍경의 채록, 그 삽상함과 부드러움에 대하여

–김정희 시집 『섬이 물꽃이라고?』

김 종
(시인)

2020년은 인류사에 '코로나19'라는 망령에 점령된 초유의 한해가 될 것 같다. 이미 여러 차례 혹독한 시련을 거쳐서 여기까지 달려온 인류다. 하늘 아래 인간과 샅바 맞잡을 존재는 아무도 없다는 전제하에 호언장담만을 앞세웠다. 사방팔방 활보를 해도 그 무엇도 저리 비켜서라는 말 한 마디 꺼낼 수 없는 지존 중의 지존이 인류였다. 승승장구를 이어가면서 금명今明에 이른 것이 오늘의 인간이다

신의 위치라도 올라선 듯 오만한 인간

전쟁으로 생난리를 쳐도 털끝 하나 건들 상대가 존재하지 않는 무대에서 인간은 이미 신의 위치라도 올라선 듯 절대적인 존재가 되어 세상을 온통 내려다보며 이만큼 덩실해진 것이다. 이제 인간에게는 그 무엇도 키 재기

할 상대가 없는 만큼 "하늘 아래 뫼이로다."의 존재임이 분명하다. 그리고 이 같은 사실에 이의를 달 존재는 그 어디에도 존재하지 않는다는 것이다.

리차드 도킨스의 말처럼 신을 인간이 만들고서도 자진해서 그 앞에 엎드리는 형국인 줄은 모르겠으되 일단 시야에서는 보이지 않는 존재가 신이고보면 절대함 그 자체로 까불고 함부로 해도 하등 시비하거나 나무랄 그 무엇도 존재하지 않는 세상이 '지구'라는 무대의 인류였다. 신이 보이지 않는다는 사실이 인간에게는 한 없이 편한 일이고 오만불손을 하늘 닿게 부풀어 오르게 한 것이다. 이쯤에서 우리는 한번쯤의 심호흡이 필요하다. 그리도 안하무인이던 인간이 어느 날인가 우리네 신변에 뿌려진 한 바가지의 바이러스 때문에 이 같이 초죽음이 되고 전전긍긍한대서야.

그리 보면 신은 우리 인간의 상상에서나 존재할 뿐 실제로는 바이러스처럼 미세한 존재인지도 모른다는 생각을 떨칠 수가 없다. 그럼에도 불구하고 신이 인간에게 미치는 작용은 신비하면서도 어마무시하다는 생각이고 이 모두를 이의 없이 수긍하여야 하리라. 그도 그럴 것이 코로나19라는 초미립자에 제동이 걸리기까지는 인간은 자신의 재능과 힘을 종횡무진 뽐내며 무소불위이더니 이제는 바짝 엎드려서 코로나의 터널을 지팡이 하나로 더듬거리는 심봉사 꼴이니 신의 턱수염을 족집게로 하나하나 뽑아내면서 신이라도 되는 양 위세 부리던 어제의 모습은 어디로 간 걸까. 반응을 보자고 살짝 뿌려놓았을 뿐인

바이러스 때문에 우왕좌왕 방향도 갈피도 못 잡고 허둥대는 꼴이라니. 이쯤이면 인간의 입장에서도 인간의 꼬락서니가 가관이고 생각할수록 서글프다. 이리되면 우리 인간은 신을 상대하기에는 불가항력이라는 것이 필자가 갖는 생각이다.

그간 인간은 인간 이외의 상대에 대해서는 겸손이란 눈꼽만치도 묻어나지를 않았었다. 코로나라는 혹독한 시련을 치르고서야 하늘이 보이고 숨 쉬기도 편해졌다는 것이며 중국대륙의 먹구름 같은 미세먼지도 걱정을 덜었다고 설레발을 치는 중이다. 이를 봐도 인간의 호들갑이 어디까지 왔는가는 눈여겨볼만한 대목이다. 그간 인간은 자신이 욕망한 것은 무엇이든 올라서거나 소유하고야 말았었다. 그 같은 집념의 소산이 이에 이른 것이라면 지나온 그간의 것들을 뒤돌리며 심대한 자기반성을 내놓아야 할 시점이 아닌가. 여기에 우리가 독서하는 시작품들이 한 역할을 담당하리라는 것, 필자만의 생각일까.

소를 잃었어도 외양간은 고쳐야 한다. 다시 소를 길러야 하니까. 전쟁이 휩쓸고 간 폐허에도 봄은 오고 산천초목은 이내 우거지는 것이 인간이 사는 지구촌의 모습이다. 우리 인간도 그간 눈 떴다 감을 새 없이 바쁘게 바쁘게 북새통을 떨며 여기까지 왔다. 어디까지 달려가기 위한 설레발이었을까. 심호흡이 필요하면 심호흡을 하고 지나온 그간의 길이 잘못됐으면 그 길을 되돌려야 한다. 여기에 시가 왜 필요한가에 대한 물음은 필연이고 후속에 답을 기다리는 이유 또한 필연이다. 한 편의 시로 하여 세상은 이내 생신해지고 새 생명을 회복하는 봄날을 맞는다. 인간 세상의 불볕더위에도 오아시스 같은 시의 샘물이 흘러서 그 한 모금의 물로 목을 축이고 길을 가지만 인간들의 그 오만한 행보에는 후진장치에 따른 혹독한 자기반성이 필요한 것만은 분명하다.

상황이 상황이고 자리가 자리인지라 시집 밖의 이야기가 장황해졌다. 그러나 이 같은 논의가 우리의 개연성에 상응하는 주변의 이해상관이 필요하겠고 김정희 시인의 시집 『섬이 물꽃이라고?』의 논의가 시작되어야 한다고 생각한 때문이다.

음악을 연주하듯 꽃잎들을 밟아가며

김정희 시인의 시작품들은 우리네 생활 주변에서 차별없이 만나게 되는 소재들을 깊은 시적인식으로 부드럽게 노래하는 자별함을 보인다. 자연속의 풍경이 여러 부면으로 표현되고 역사 속의 5·18이나 세월호에도 그의 시선은 마냥 따뜻하고, 환경문제를 포함하여 남북분단에의 관심이나 자연에서 맞닥뜨린 지형지물, 문화유적 등등 이 굽이, 저 굽이를 들춰가며 호기심의 눈길을 보내고 있다. 이 같은 시인의 언어는 풍경의 채록으로 묶을 수 있을 듯하고 이들을 삽상한 서경과 더불어 부드러운 서정을 노래했다는 점에서 김정희 시인의 삶의 시선이 두루 광활한 눈빛들로 형형하게 빛나고 있음을 접하게 된다.

보일 듯 말 듯
바람은 다가오고
꽃잎이 날린다
사진처럼

떨어져 누운 꽃잎들
음악을 연주하고
수면에 무반주 거미줄을 치는 별빛
아침을 여는 새들도
풍경 하나씩
가슴에 안고 날아간다

꽃그늘 여럿 흩어진 후
* '어디서 무엇이 되어 다시 만나랴'
그리운 이름들 눈부신 사이
눈뜨는 꽃잎과 꽃잎
새들도 짝을 찾아 돌아오리라

가볍게 더 가볍게
건반을 두드리며
물 주름에 봄날은 가도
나는 사진 속 봄을
오래 만지고 있다

*故 김환기 화백의 그림제목

-「꽃이 진다, 사진처럼 -운천호의 봄날」 전문

「꽃이 진다, 사진처럼」은 '운천호의 봄날'이라는 부제를 단 풍경시로서 기품 있는 작품이다. 더도 덜도 아닌 제목만으로도 우리 곁에 다가온 풍경 하나를 소유한 셈이다. '운천호'는 광주광역시 서구에 위치한 도심 속의 호수 이름이다. 근자에는 문화운동의 일환으로 '서호'라는 명칭이 많은 이들의 입소문을 타고 있다. 생활 속의 산책코스이자 관광유원지이지만 이 작품 한 편으로도 운천호는 사람들의 괜찮은 볼거리가 되겠다는 생각이다. 풍경시는 말 그대로 풍경을 취재하여 그에 맞는 운율과 언어로 표현한 작품이니 새삼 설명을 더하는 일은 군더더기가 될 수도 있다.

우리가 사물을 투명하고 선명하게 드러낼 때 '수채화'나 '사진'이라는 단어가 단골로 등장한다. 굳이 운천호의 풍경에 이 말이 끼어들어 독자의 시선을 견인하는 것도 산뜻한 느낌에 다가서게 한다.

봄날, 연초록 이파리 살랑이는 사이로 바람이 지나는 모습은 아름답다는 표현을 넘어 귀엽기까지 하다. 운천호는 봄날이면 만개한 벚꽃을 풍성하게 상 차리는 도심 속의 눈동자다. 여름날이면 호수를 채운 연꽃세상은 찾는 이들의 호사라는 마음이 들만큼 장관이다. 불빛들이 야경에 연출하는 분수의 휘황찬란함이라니! 호수 둑길을 거닐다 보면 천상계가 이런 것이겠거니 상상할 만큼 잠 못 드는 여름밤이 더욱 짧았겠다. 연꽃의 마무리와 호수 둑길을 물들이는 단풍세상은 가을이 피어올린 대단한 불길이다.

호수는 이내 동안거에 들고 벚꽃과 연꽃의 호수는 패

전장을 방불케 하는 을씨년스러움만 가득한 적막을 품고 있다. 호수는 이리 보면 한시도 편할 날이 없을 만큼 사시사철이 다사多事하다. 하늘을 찌르는 빌딩 숲 사이에 계절이 오는지 가는지도 모르는 서호사람들에게 호수는 자연과 시절을 가르치는 거대한 창문이고 눈동자가 분명하다.

이 호수의 봄날에 사람들은 날씨에 맞춰 옷 차려입고 저마다 계절의 변화를 누리지만 시인 또한 벚꽃이 만개한 꽃 터널을 지나며 날리는 꽃잎이며 떨어져 쌓인 꽃잎들을 밟아가며 음악을 연주하듯 "수면에 무반주 거미줄을 치는 별빛"도 상상하고 아침시간을 알리는 새소리로 풍경을 하나씩 날려 보내는 중이다. 그뿐인가. "그리운 이름들 눈부신 사이"에서 "눈뜨는 꽃잎과 꽃잎"이 피어 흩어진 꽃그늘 아래를 여러 인연과 손잡고 하루하루를 걷는다. 겨우내 얼어붙었던 호수에는 건반을 두드리듯 물주름 치는 바람이 그리도 살가울 수가 없다. 이곳에서 지난 시간을 회억하는 시인은 대자연을 봄나들이하며 사진 속의 봄을 만끽하는 중이다.

바다가 피워 올린 물꽃이 섬이라!

꽃그늘 내린 봄날에 산책길을 거닐며 김환기 화백이 친구인 김광섭 시인의 시 「저녁에」에서 차용한 시구 '어디서 무엇이 되어 다시 만나랴'는 먹색에 가까운 짙은 푸른색의 점과 점이 무수히 찍힌 김화백이 1970년에 점묘로 제작한 대표작 이름이며 저리도록 아름답다. 만개한 벚꽃의 호수는 꽃터널로 이어지고 사진처럼 꽃이 지는 운천호는 그래서 한 폭의 또 다른 그림으로 다가온 것이다.

구름은
꽃잎 되어 바람과 만나고

내 안에 계시는 그대
아득한 빙월당은 노을로 지는가

황홀한 실개천
길을 열어
물안개 끈끈한 황룡강은 깊어가고

대숲 사이 달빛 발자국
지우지 못한 그리움
백우산 이마 쌓이고 쌓이면

그대 미륵처럼 떠오르네.

-「빙월당의 노을」 전문

「빙월당의 노을」은 가뿐한 해질녘의 풍경시다. 제목에 나오는 '빙월당'은 1979년 8월 3일에 광주광역시 기념물 제9호로 지정된, 조선조 중기의 성리학자 고봉 기대승 선생을 배향한 사당 이름이다. 이 사당은 백우산 기슭인 너브실 마을에 위치하며 기대승의 장남 기효증이 1607년에 아버지를 추모하기 위해 지었다고 한다. 1938년 기대승의 후손에 의해 개축된 빙월당은 기대승 선생의 고결한 인품과 학덕을 정조임금의 사액현판 '氷心雪月'에 담고 이를 줄여서 '빙월당'이라 하였다. 지금은 광주광역시 팔경 중 5경이고 작품에도 노래하고 있지만 주변의 울울창창한 소나무와 대숲의 풍치는 보는 이로 하여금 절로 찬탄을 자아내기에 충분하다.

이곳에 와서 한 조각 '구름'을 자처한 시인은 지금 "꽃잎 되어 바람과 만나고" 있다. 그곳에서 시인은 생각한다. 물안개 끈끈한 황룡강 실개천의 황홀한 길을 열고 "내 안에 계시는 그대"를 생각하며 시인은 빙월당의 노을을 바라보고 있다. 밤이 되어 달빛 받아가며 대숲 사이를 걷는 화자에겐 지우지 못한 그리움이 있다. 백우산 이마에 산처럼 그리움이 쌓이면 미륵처럼 그대가 떠오른다.

객담 한 마디. 가을바람 살랑이는 시간에 솔숲과 대숲 사이에 떠오른 빙월당의 달을 보며 산책 하노라면 신선들이 노니는 선경이 따로 없고 그리 황홀할 수가 없다. 이곳은 멀리 보이는 구룡산과 빙월당을 포목 자락처럼 감아 도는 황룡강이 역거逆去의 형국을 이룬 최대의 명당 길지로 알려져 있다. 백우산 또한 누워있는 '흰 소'를 의미하는바 이때의 '희다'는 의미는 '서방세계'의 극락정토가 자리한 '서쪽'을 가리킨다는 풀이도 함유함직하다.

지금 그대 떠오르는 백우산 노을 위에 구름이 꽃잎처럼 피어나고 있다. 물안개를 면사포 두른 황룡강은 관음보살처럼 더없이 관능적이다. 이곳에서 발자국을 남기며 솔숲과 대숲 사이를 길 열어 걷노라면 지우지 못할 백우산 이마에 미륵 같은 그대를 만나고 시인은 더없는 그리움으로 충만하리라.

> 너의 부족들이
> 바다 저 푸른 물살아래
> 먼 조상 대대로 살던 곳
>
> 매 순간 위태로움과
> 흔들리는 적막함
> 별빛 부서지는 쓸쓸한 밤이면
> 몇 겹 물거품을 따라
> 먼 바다를 찾아 나섰다
>
> 허나 은빛 포경선 보다
> 크고 싱싱한 고래가
> 저리 환한 공중으로 솟구칠 때
> 꼬리를 세우고 기뻐하던 가족
>
> 바다 쪽을 기웃대던
> 별자리들도
> 겸하여 하늘을 웃어 주었다
> 고래는 썰물처럼 등이 보였다
>
> -「고래일기」 전문

작품 「고래일기」에서 읽은 "바다 저 푸른 물살아래/먼 조상 대대로 살"아가던 너의 부족들은 무엇을 의미하는가. 그것은 "몇 겹 물거품을 따라" "매 순간 위태로움과/

흔들리는 적막함"으로 먼 바다를 찾아 나선 바다의 왕 고래를 서사 처리한 것이다. 제목에 보인 「고래일기」는 '크고 싱싱한 고래'가 '은빛 포경선보다' '저리 환한' 솟구침으로 떠오를 때 해역에 가득 꼬리를 사린 또 다른 고래나 그 고래의 부족이거나 가족이 세상모르게 기뻐하고 있었을 것이다. 이리되면 사람을 닮은 별자리부터가 '바다 쪽을 기웃대며' 하늘 향해 웃을 것이고 안심한 듯 썰물처럼 등을 보인 고래를 좁혀진 친근한 거리에서 만날 수 있으리라.

다리 위에서 섬들은
초록빛 물꽃이다

섬과 섬 사이
흰나비 물거품 위로
징검다리 놓고 싶다

징검돌 밟으며
너 또한 달려오면
눈여겨보지 않던 파도
종일을 울먹이며 출렁이리라

차창에 비치는 마을
부풀어 오르는 말랑말랑한 섬
저 사이 다리가 없어도
머릿속을 흔드는 출렁다리

하루에도 몇 번씩
철썩철썩 물꽃을 피우는
파도의 부족들을 만나러
그 섬에 가고 싶다.

-「섬이 물꽃이라고?」 전문

연전에 섬을 베개 삼아 바다 위에 눕고 싶다는 시인이 있었다. 김정희 시인의 언어 또한 바다가 섬을 물꽃처럼 피워 올린 「섬이 물꽃이라고?」를 노래처럼 읽을 수 있다. 바다가 피워 올린 물꽃이 섬이라! 이는 깜짝 놀랄만한 풍경의 발견이다. 시인이 언어를 다룸에 있어 으뜸 되는 조건이 사물의 특이함을 어찌 끌어내고 노래하는가이다. "다리 위에서 섬들을/초록빛 물꽃이"라면 섬과 섬 사이를 건너뛰는 징검다리가 상상된다.

저 섬들 사이에 "머릿속을 흔드는 출렁다리"가

아닌 게 아니라 섬과 섬을 둘러보려면 징검돌 삼아 섬들을 다리 놓으면 그만이겠다는 생각이 든다. 재미있는 상상은 그래서 시인의 언어를 질푸르게 한다. 우리같이 섬이 많은 나라에서는 "섬과 섬 사이"에 "흰나비 물거품 위에/징검다리 놓고 싶다"는 생각이 현실이 되어 이름을 낸 관광지가 몇 곳 있다. 어찌 시인의 생각이 부드럽지 않고서 이리 삽상한 발견이 가능할 것인가. 서정은 부드럽되 서경은 삽상해야 한다. 섬들을 징검돌 삼아 "너 또한 달려오면" 저 혼자도 잘 노는 아이처럼 "눈여겨보지 않던 파도"가 종일을 물동이처럼 출렁이는 섬들의 모

양새는 이쯤으로도 절창이 마땅하다. 시인은 지금 마을과 섬들을 번갈아보며 징검돌을 놓고 차창을 통해 부풀어 오른 말랑말랑한 섬들을 넉넉한 시선으로 바라보고 있다. 저들 섬 사이에 "머릿속을 흔드는 출렁다리"를 건너고 싶다는 시인의 상상은 그래서 아름답다.

섬들이 군집으로 어우러진 해역에는 사철 푸른 파도의 부족들이 수말스런 아이처럼 하루하루를 별 말썽 없이 노닐고 있다. 그들이 심심하여 피워 올린 물꽃의 잔치는 장히 아름답고 시인은 그들 파도의 무리가 부족지어 놀고 있는 바다를 조망하면서 자신이 마주한 그 물꽃들을 보러 "그 섬에 가고 싶다"고 한다. 되풀이 말하지만 「섬이 물꽃이라고?」는 뛰어난 한 편의 바다시가 마땅하다. 바다가 섬을 징검돌 놓아 파도라는 흰나비 물거품을 초록빛 화원에 날릴 때면 섬들도 덩달아 부풀어 오른 맛있는 식빵 이미지로 우리의 상상력은 무한 커진다. 이를 변환한 시인의 시야는 마을과 섬 사이를 연 한 사람의 구경꾼으로 돌아와 있다.

압록쯤에 와서는
더 가까이 귀를 대고
강물소리에
젖자

저리 싱싱한 물살 앞에
무엇을 바라는가, 나의 사람아

한 사흘쯤
돌아가지 않는다면
그대 눈먼 사랑도
저 강물처럼 흐르다가
기나긴 눈을 뜰까

모래알들이
수석수석 웃는다
해지는 강물이
고백처럼 반짝인다

내 안에는
심장 뛰는 소리로
그대 지금 웃고 있다.

-「섬진강에서」 전문

대한민국의 하천 중 청정도에서 으뜸인 하천이 섬진강임은 함께 동의하는 바다. 진안과 장수의 경개인 팔공산에서 발원하고 백운과 마령에서 충적지를 만들다가 임실 운암에서 갈담 저수지로 흘러들다가 요천과 합류하여 남동의 압록 근처에서 보성강과 합류한 뒤 지리산 남부의 협곡을 지나 경남、전남의 도계를 거쳐 광양만으로 흘러드는, 강 너비가 좁고 강바닥 암반의 노출이 잦은, 그래서 항해에는 다소 부자연스러운 222km의 하천이 바로 섬진강이다. 이 강은 광양만에 흘러들기 전에 경상도 방향엔 지리산을 전라도 방향으론 백운산을 문지기 세운 위세가 어마무시한 강이다.

시인의 노래가 시작된 곳은 "압록쯤에 와서"이다. 시인은 강의 본류와 보성강 줄기가 이산가족처럼 환호하며 합류하듯 물소리를 내는 곳에 와서 더 가까이 귀를 대고 "강물소리에/젖자"고 한다. 지금 시인이 위치한 곳은 옆으로 도로가 지나고 그 도로를 따라 철길 또한 평행으로 달린다. 이곳은 신의주의 압록강과 지리 지형이 닮았고 그런 관계로 월남한 사람들이 모여 산다고 하여 붙인 이름이라 한다. 여름철이면 푸른 물살을 가르며 은어떼가 노닐고 백사장을 배경으로 텐트족들의 야영행렬이 즐비한 곳이다. 여기에서 '나의 사람'을 향하여 시인은 묻고 있다. "저리 싱싱한 물살 앞에/무엇을 바라"느냐고. 그대 눈먼 사랑은 "한 사흘쯤/돌아가지 않는다면" "저 강물처럼 흐르다가" '기나긴 눈을 뜰 것'인가도 묻고 있다. 이제 시의 흐름은 반전을 이루면서 '수석수석 웃는' 모래알이나 '고백처럼 반짝이는' 해지는 강물로 드러난다. 그러면서 '내 안에' 심장 뛰는 소리로 그대 지금 웃으면서 작품은 대단원의 꼬리를 접는다.

'내 안에'서 심장 뛰는 소리로 웃고 있는

작품이 한 편의 노래가 되려면 '그대'와 '나'는 두 개의 축을 마련한 저 강물처럼 눈 뜰 사랑을 위해 한 사흘쯤은 돌아가지 않겠다고 한다. 시인은 모래알과 해지는 강물을 빌어 수석수석 웃기도하고 고백처럼 반짝이면서 '내 안에' 들어 심장 뛰는 소리로 '그대'를 부르고 있다.

나무 의자 몇 개가
파도를 끌고 온 푸른 새처럼
해변을 날다가 나란히 앉는다

햇살내리는 월정리에
의자를 비워놓고
기도처럼 물결이 스미는 곳
모래에 찍힌 발자국을 세어본다

가득 거품을 물고
입술을 집중하여 달려오는 파도
가는 눈 뜨고 수평선을 당기면
한 사람이 거기 서 있다

넘어지고 깊어지고 물구나무를 서고
그리 쉽게 앵돌아진 파도
마음이 마음을 떠난 뒤
월정리는 그렇게 길을 잃었다

자꾸 물러서는 발자국을 밟으며
슬픔의 인기척을 따라서 간다
나는 다시 바다로 가야겠다
불면의 월정리를 흘러가고 싶다.

-「월정리 연가」 전문

'나무 의자 몇 개가' 파도를 끌고 와 푸른 새처럼 해변을 날다가 '나란히 앉는' 광경은 두 가지의 광경을 상정한다. 하나는 작품 제목에 등장하는 '월정리'가 기슭까지 파도가 밀려드는 바닷가라는 사실이고 다른 하나는 초현실주의 회화작품 앞에 선 듯한 광경을 연출한 일이다. 나무 의자 몇 개가 해변을 날다가 나란히 앉는 장면은 초현실적 미학을 추구한 떨쳐낼 수 없는 매력을 준다. 지금 화자에게 월정리는 물결이 스미도록 의자를 비워놓은 햇살내리는 한적한 곳이고 이 속에 들어 모래에 찍힌 발자국을 세어보는 중이다. 그러다가 가는 눈을 뜨니 수평선이 당겨지고 문득 거기 한 사람을 향하여 가득 거품을 물고 입술을 집중하여 파도가 달려오곤 한다.

이어지는 구절에서 "넘어지고 깊어지고 물구나무를 서고/그리 쉽게 앵돌아진 파도"는 영락없는 우리네 인생사를 닮았다. 넘어지고 깊어지고 물구나무를 서다가 이도 저도 마뜩찮아 파도처럼 앵돌아지기가 어찌 한두 번이던가. 그러면서 마음이 마음을 떠났다니 참으로 막막했겠다. 화자는 이곳에서 월정리는 길을 잃었다고 했다. 이쯤 되면 거기 서있던 한 사람은 자꾸 물러서면서 발자국을 내며 슬픔의 인기척을 따라 간다고 했고 인기척을 남기며 떠난 바다는 불면의 월정리를 흐르는 구름의 이미지로 떠오른다. 햇살 내리는 월정리는 배경화면처럼 의자 몇 개가 놓이고 기도처럼 물결이 스미고 있다. 이곳에서 모래에 찍힌 발자국을 셀 만큼 화자의 바다는 기다림과 슬픔의 인기척을 달고 파도처럼 달려가는 불면의 월정리를 흐르고 있다.

판문점 군사분계선 세계를 흔든 "23초"가 뉴스 화면을 가득 채웁니다.

내 부모님 태어나고 공부하고 해당화 같은 꿈을 키우던 북녘 땅은 이제 새로운 평화가 시작되는 걸까요. 견딜 수 없는 안부와 헤매다 지친 그리움의 밤, 장맛비 같은 서러움이 대성통곡하던 밤, 그 많은 폐허에 다시 열리는 길, '또 하나의 봄'이 연초록 풀꽃처럼 피었습니다. 이제는 돌아오지 못하는 먼 나라의 뜨락에 내 부모님의 저 여린 꽃잎들 날아가 닿을까요. 그토록 짧은 금 하나 꿈속을 건너며 그립고 그리운 고향 이야기에 그늘을 간직하던 당신의 황망함은 어느 나라에 계신지 궁금하지만 이 저녁에 평화의 새로운 시작이 열매가 열릴 때를 기다립니다. 그대 찬란한 봄입니다.

-「또 하나의 봄」 전문

시인의 부모님은 지금은 고인이 되셨지만 월남하신 뒤 고향 북녘 땅을 평생을 두고 그리시던 분들이다. 그런 터에 몽매에도 "태어나고 공부하고 해당화 같은 꿈을 키우던 북녘 땅"이니 어찌 잊을 수가 있었겠는가. 인간세상에서 가장 아픈 것이 '밥줄'과 '핏줄'에의 단절이다. 우리 같은 분단국에서 월남하고 고향을 등지는 일은 단절된 핏줄을 의미한다.

우리의 현실에는 상시로 '판문점 군사분계선'이 존재한다. 그래서 이곳에서 발생한 사건이 종종 뉴스화면을 채우곤 하였는데 이럴 때마다 고향 땅을 바라다만 볼 뿐 안부 한 마디 묻거나 전하지 못하고 잠을 잃고 뒤척이는 사람들의 슬픔은 장맛비 같은 대성통곡으로도 풀리지 않는, 만년설 같은 통한이 가슴 한 복판에 엄존하리라.

만년설처럼 저마다 가슴엔 녹지 않는 피멍들이

대자연의 봄은 남과 북을 가릴 리 없겠지만 제목으로 읽은 「또 하나의 봄」은 휴전선을 사이에 둔 '연초록 풀꽃처럼' 다음의 궁금증이 이어지고 있다. 이유는 '돌아오지 못하는 먼 나라의 뜨락'이 고향땅이 아니던가. 그곳에 "내 부모님의 저 여린 꽃잎들 날아가 닿을까"가 손에 닿을 듯 간절하다. 그립고 그리운 고향이야기로 그늘을 간직다보면 꿈속을 건너는 시간 위에 눕고 이에서 딸려 나온 궁금증이 '평화의 새로운 시작'이 된다. 그 시작이 열릴 때를 기다려서 거둔 열매가 바로 '그대 찬란한 봄'이라는 사실이다. 판문점 군사분계선에서 세계를 뒤흔든 '23초'의 뉴스 화면은 가득 채운 세상의 또 다른 봄이라는 메시지를 지금 우리가 읽고 있다.

빛바랜 주소록에 너는 없지만
먼 곳에서 잘 지내는지
오월의 들불과 찬란한 슬픔의 사이
우리 한 소절의 노래되어
너는 오래오래 있었구나
사랑도 명예도 이름도 남김없이
한 평생 나가자던 뜨거운 맹세……

햇빛 비치는 길을 물어
너의 둥근 얼굴과 단발머리와

장동의 학교, 문리대의 등나무와
사범대 도서관 앞 잔디밭…
너의 웃음이 가득 번지던 날
오이향의 그곳을 찾아가본다

너의 작은 방에 스몄을
살아남기 위해 걸어야했던 날들
위태로운 운명이 거기 있었지만
견딜 수 없는 곳에 너는 있었지만

때를 기다리며 서성이면서
날이 무뎌진 추억에도
우리들의 살 오른 오월이
얼마나 깊이 베일 수 있었으며
수평의 시간에 밀리기도 하는가를

친구야,
너는 지금 이곳에 없고 그곳에 있다
우리 만날 먼 훗날은 가까이 오고 있다
'…새 날이 올 때까지 흔들리지 말자…'

-「먼 훗날에의 다짐- 친구 기순에게」 전문

광주 사람들에게 5·18에 대해 묻는 일이 많다. 이들에게는 저마다 개인적으로 간직한 특별한 사연들이 있기 때문이다. 때마침 2020년이 5·18 40주년의 해이다. 그리고 그 세월을 흘려보내면서 광주 사람들은 몽매에도 잊히지 않는 그날의 피멍들이 녹일 수 없는 만년설처럼 저마다의 가슴 구석구석에 숨 쉬고 있다. 우리가 작품에서 읽은 「먼 훗날에의 다짐」도 예의 그 지울 수 없는 피멍든 사연을 노래한 것은 물론이다. 부제가 말하듯 시인은 '친구 기순'과 생자의 시간에 함께 했던 여러 일들을 회억하고 있다. 살아있는 사람이야 세월 보내면서 지나간 악몽들은 떨치거나 덜어내고 살아간다지만 가해자와 피해자가 엄연한 현실에서 무표정한 가해자에 대해 피해자만 가슴앓이 하면서 저마다의 악몽을 잊기 위해 몇 번이고 세월의 파도를 넘고 넘은 것이다.

우선 '먼 곳'을 길 떠난 '너'는 빛바랜 주소록에도 지워져 있다. '오월의 들불'은 단 한 사람도 예외가 없을 만큼 일체화한 광주의 거사였고 함께 떨치고 나선 '광주의 오월'이 그리 표현된 것이다. 작품 속의 친구 '기순'은 낮에는 학생운동의 대열에 섰었고 밤에는 문맹퇴치를 위해 '들불' 야학에서 봉사하다가 5·18을 만나 사망한 비운의 주인공이다. 교내에서나 시가지의 시위에 가담하여 "사랑도 명예도 이름도 남김없이/한 평생 나가자던 뜨거운 맹세"를 마르지 않는 샘물처럼 부르고 또 부르며 멀리멀리 흘러온 것이다.

시인은 회상한다. "장동의 학교, 문리대의 등나무와/사범대 도서관 앞 잔디밭……"에서 "너의 웃음이 가득 번지던 날"에 "햇빛 비치는 길을 물어" "너의 둥근 얼굴과 단발머리와" "오이향의 그곳을 찾아가"보는 화자의 시간들엔 방울방울 눈물이 흐르지 않았을까. 지금은 사자가 되어 저 먼 세상에 있지만 견딜 수 없는 곳이나 "살아남기 위해 걸어야했던 날들"의 여러 일들이 어찌 한두 번이었을까. 비감 어린 추억의 갈피엔 때를 기다리며 "우리들의 살 오른 오월"이 희구되어있다.

그 오월이 얼마나 깊이 베일 수 있으며 수평의 시간 저 멀리로 어찌 밀리는가를 추억의 갈피마다에 남겨둔 화자는 "너는 지금 이곳에 없고 그곳에 있다"는 반전어법反轉語法의 표현을 보이며 "만날 먼 훗날"을 향해 차쯤씩 가까워지고 있다고 한다. 이도 저도 접고 광주 사람에게 5.18은 모두의 자존심이자 생존의 이유였음이다.

보이지 않는 두려움에
씻고 또 씻는 거품의 손
숨소리도 새지 못하게
입과 코를 가리고
눈빛에 마음을 옮긴다

무협영화 속 강호의 고수들은
복면으로 욕망을 가리고
땅과 물에 취해
꼿꼿한 바위를 날아오른다
말을 타고 달리던 영화로운 가문도
낙엽처럼 흩어지고 소문마저 잠재워진
바람 맑은 날의 비급을 남기고
고수는 홀연히 떠났다

우리 발 딛고 살아야 하는 날의
푸른 숨결과 싱싱한 뿌리를 위해

처절한 눈빛을 기울기로 전하는
우리 시대의 비급은 암호 메시지와
텔레비전 속 우주복 전사들의
해탈 같은 기다림이
해독제처럼 뿌려진 정체불명을 밝힐까

투명한 실험실의 커튼이 살랑인다
시간의 균열을 빠져나간 누군가
무리 속에 섞이다가 크레바스로 떨어진다
떨어진 숫자는 죄목처럼 남았다

혼밥, 혼술, 혼자 풍경의 전성시대
바이러스가 덮치면 어떤 눈빛을 볼까
서로서로 움켜진 경계를 열어두고
그대 화면의 메아리를 묻노니
무사가 말달리던 어느 세상인가
황량한 초원에 말발굽이 되려한다.

-「크레바스의 비급」 전문

작품을 독서하다보면 어휘의 해독을 거쳐야하는 경우가 종종 있다. 제목에서 '비급'이라는 단어를 두고 필자 또한 한참을 골몰하였다. 뭘까! 부득불 시인에게 물은 결과 "비법을 전수하기 위해 소중하게 보관한 서책"쯤으로 이해하였고 그런 다음에야 작품의 감상에 진입할 수 있었다. 시인은 요즘 무협소설과 영화에 몰입하는 경우가 있어 이 같은 어휘가 절로 구사되었다고 한다. 이 작품은 첫머리부터 비밀상자를 열치는 것 같은 신비가 읽힌다.

"돌부처의 어깨 위로/물살처럼 흐르는 바람"

보이지 않는 두려움을 두고 거품을 내가며 손을 씻는 행위 다음에는 "숨소리도 새지 못하게" 입과 코를 가리고 마음에 눈빛을 옮긴다는 부분이 나온다. 알 듯 모를 듯 그러면서도 아름답다는 느낌을 받았다. 무언가가 새나갈지 모르니 입을 다물라고 그래서 손가락을 갖다 대고 은밀한 눈빛에 마음이라는 반창고를 붙인 것처럼.

작품속의 표현처럼 시인은 무협영화의 강호 고수들이 복면으로 욕망을 가리고 땅과 물을 박차고 꼿꼿한 바위를 날아오르곤 했었다. 그쯤에 말을 타고 달리던 영화로운 가문들도 낙엽처럼 흩어지고 소문을 잠재우던 일들을 우리네 일상에서도 부지기수로 봐오지 않았던가. 그때 여운처럼 무언가의 비결을 남기고 홀연히 길을 떠나는 고수는 한편으론 처절한 눈빛의 소유자로 기울기를 전하는 암호 메시지와 같은 것이었을지 모른다. 그러면서 마련한 해탈 같은 기다림은 은연중 "시간의 균열을 빠져나"가는 무리 속의 크레바스를 드러낸다.

바야흐로 우리에겐 복수複數의 시대는 가고 단수單數의 시대에 진입중인가 보다. 천지사방이 "혼밥, 혼술, 혼자 풍경의 전성시대"가 열렸으니 무리 속에 섞이다가 크레바스로 떨어진 것은 정해진 코스가 아니었을까. 그런 의미에서 크레바스는 서로서로를 경계 짓는, 열려진 그대로를 화면삼고 무사가 말달리던 어느 세상인가의 초원에서 황량한 말발굽소리를 듣게 된다.

크레바스는 어의상으로 균열을 의미한다. 독서하기에

혼밥, 혼술, 혼자 풍경이 생뚱하게도 '전성시대'라지만 이들이 해탈 같은 기다림을 열치는 균열의 의미는 아니었을까. 작품에서 만난 '비급'에 해당하는 균열은 무엇을 설파할까. 바이러스가 덮치는 그 곳에 어떤 눈빛이 있어 그 눈빛으로 말 달리던 서로서로를 향해 메아리처럼 묻곤 했었을까. 김정희 시인이 독자에게 읽히려한 크레바스는 실험실을 투명하게 열어 제친 살랑이는 커튼에서도 연상된다. 이 얼마나 낯선 광경의 흔들림이며 작품독법의 여지라 할 것인가.

천불 천탑 흐린 그림자에
멈추어 선 풍경소리
돌부처의 어깨위로
물살의 곡선처럼 흐르는 바람

잠깐 그늘을 당겨
못난이 돌부처는 풍화의 고통을
어찌 건넜을까
이끼 낀 동냥치 탑신 아래
굴절된 세월을 다시 세우며
불꽃같은 꽃잎이 세월 위에 진다

산언덕 솔가지마다
돛배를 수선하는 노을녘의 석수장이
마주잡은 손 하얗게 바래도록
하룻밤 전설을 기다리다 건너면
날마다 어려지는 부처

극락 기다리는 천 개의 응석받이네

-「천불 천탑」 전문

필자에게 천불천탑은 천불천탑 같은 많은 이야기가 저장되어 있다. 그런 터에 접한 작품이니 독서하는 순간 눈앞이 밝아지는 느낌이었다. 이 작품에서 눈여겨진 것은 "하룻밤 전설을 기다리다 건너면/날마다 어려지는 부처"라는 대목이다. 작품에서 읽은 하룻밤 전설이 작가 황석영이 「장길산」의 말미에서 풀어낸 도선국사의 이야기는 아니었을까.

"옛날 도선국사가 하룻밤 사이에 운주사에 천불천탑을 세우기로 계획하고, 하늘에 기도를 드리자 천여 명의 선동선녀가 내려와서 불상과 불탑을 제작하기 시작하였다. 그러나 이 역사役事에는 반드시 하룻밤만의 시간이 주어졌고 첫닭이 울기 전까지 마쳐야 하는 일이었다. 날이 새면 선동선녀가 하늘로 올라가 버린다는 것이다. 해가 뜨는 것을 늦추기 위해 도선국사는 일봉암이라는 바위에다 해를 묶어 두었다. 새벽녘까지 모든 일이 순조로워 천불천탑이 거의 조성되고 이제 와불을 세우는 일만 남았다. 그런데 일을 돕던 상좌가 일에 지쳐 그만 첫닭 울음소리를 내버린 것이다. 그러자 와불을 세우려던 선동선녀들이 일순간에 하늘로 돌아가 버렸다. 그리고 와불은 지금도 눕혀진 그대로다."

가끔씩 들르는 운주사는 필자에겐 초등학교시절의 단골 소풍코스였다. 당시만 해도 다랑치 논 여기저기에 부처나 탑석들이 흩어지거나 눕혀져 어린 맘에도 참 이상한 사찰도 있다는 생각들로 다녀왔던 곳이고 많은 세월이 지난 지금에도 어제 날처럼 생생하기만 하다. 분명 그때를 기억하면 지금의 운주사와는 비교도 되지 않을 만큼 많은 숫자의 부처와 불탑들을 보았던 것 같다. 그 후 한 갑자의 시간이 흐른 지금에는 운주사는 천지개벽이 실감될 만큼 증축이 되고 방대해졌지만 줄어든 탑석이나 부처는 사서의 기록에나 접할 뿐이다.

운주사는 분명 한국불교사에 크나큰 개성이고 여느 사찰과는 구분되는 사투리 같이 친근한 사찰이다. 바로 이곳의 풍경을 김정희 시인의 운율로 읽으면서 "천불천탑 흐린 그림자에/멈추어선 풍경소리"에 "돌부처의 어깨위로/물살의 곡선처럼 흐르는 바람"을 한 폭의 그림처럼 감상하고 있다. 요컨대 '풍경소리'와 '바람'을 청각적, 촉각적 사물로 표현하지 않고 시각적 현상으로 포착한 절창이다. 이어지는 부분에서 시인은 천불천탑의 흐린 그림자를 '그늘'로 표현했고 이끼가 피어난 못난이 돌부처들이 어찌 건넸을까 싶은 풍화와 고통의 세월을 읽어가게 한다.

「별나라 우물은 어디에 숨었을까」의 양림동

미상불 운주사 부처와 탑신들은 여느 사찰의 부처님이 아닌, '이끼 낀 동냥치'가 틀림없겠다. 그만큼 어디서나 흔히 볼 수 있는, 마주치면 금방이라도 손잡고 친해질 수 있는 허름한 장삼이사들인 것이다. 그들과의 세월이니 시인은 이들을 다시금 불러세워 세월 위에 열매 맺던 불꽃 같은 꽃잎을 요량하고 있다. 산언덕의 솔가지마다엔 노을 녘에 돛배를 수선하는 석수장이가 환상처럼 떠오르고 마주 잡은 손이 하얗게 바래지도록 하룻밤의 전설을 물 건너는 어려지는 부처가 있었고 극락을 기다리는 천 개의 응석받이 부처들을 만날 수 있었다.

작품의 독서를 마무리하면서 필자는 김정희 시인의 작품들을 앞에서도 반응한 바 여러 부면의 관심사를 언급하였다. 그들은 대자연과 문화유적을 기행하면서 읊조린 「꽃이 진다, 사진처럼」, 「빙월당의 노을」 등의 풍경시들을 중심에 두고 「먼 훗날에의 다짐」 등에서 5.18에의 시선을 읽을 수 있었고 남북분단의 문제 또한 「또 하나의 봄」 등에서 그의 시선은 마냥 무심할 수 없었다. 환경문제와 연결하여 읽을 수 있었던 「고래일기」, 시인의 언어가 주제적으로 다가간 「섬진강에서」, 「월정리 연가」, 「천불 천탑」 등에서 대자연의 지형지물이나 문화유적들도 노래되었다. 혼밥, 혼술, 혼자 풍경의 전성시대 또한 「크레바스의 비급」으로 노래되면서 김정희 시인의 시적 주제는 구호화의 언어로 접근하기 보다는 서경화 내지는 서정화를 취했다는 점에서 시집 『섬이 물꽃이라고?』이 갖는 언어적 역가役價는 서경과 서정을 한 자리에서 만날 수 있었다.

「꽃잎 그리고 화살」 등에서 '바람의 기울기'가 수상한 꽃나무의 그늘을 읽었다. 여기에서 우리는 까닥까닥 몸을 흔든 풍경을 지시하고 쥐어진 화살을 날려 짧은 대답에 나아간 사무친 마음의 세계를 시인이 마련한 시적 주제로 읽을 수 있었다.「별나라 우물은 어디에 숨었을까」에서 읽은 양림동은 광주의 정신문화를 비축한 오래된 미래였고 많은 외지인들의 발길이 이어지는 이유이다. 한눈에 무등산이 그림처럼 조망되는 하늘 한 쪽의 물소리를 들으며 근대유산이 즐비하고 '탱탱한' 미래의 촉을 키우는 양림동의 문화적 근력은 자존심 높은 광주의 빨래터이거나 물결무늬 바람소리가 리듬처럼 출렁이는 우물 같은 명소임에야.

필자가 김정희 시인을 처음 만난 것은 1998년 여름으로 거슬러 간다. 김정희 시인은 모 문학지의 신인상을 받고 광주문협 사무실을 찾았었다. 그 후 몇 차례의 자리가 주어졌고 김정희 시인을 천거하는 일이 있었는데 관계서류를 받아본 그쪽 기관장은 김정희 시인을 물었고 나는 평소의 생각대로 "우리 시대의 신사임당"이라고 단문으로 대답했었다. 김정희 시인은 조용하고 자신에게 성실하다는 점에서 그 당시의 추천은 지금도 유효하다. 그 후 김정희 시인을 광주문협 실무진에 합류시켰고 여러 일들을 처리하는 능력을 보였다.

필자가 서구문화원으로 자리를 옮기면서 함께 수평이동 하여 무려 15년의 세월을 함께 했었다. 그러는 세월에 김정희 시인에 대해 종종 질문을 받곤 했는데 "우리 시대의 신사임당"을 되풀이 말해온 터다. 그러면서 문학세상을 함께 걸었고 2014년의 첫 시집에도 평설을 집필하였고 이번의 제 2시집「섬이 물꽃이라고?」의 평설 또한 거절하지 못하고 독서한 것이다.

"문학은 인간"이라던 부폰의 명제는 김정희 시인의 경우 목에 걸어주고픈 꽃다발 같은 것이기도 하고 그의 시 작품들을 통해 한 자리에서 노래된 인간과 언어들을 차별 없이 읽어온 터다. 그의 호기심 어린 눈길에 포착된 여러 소재들을 삽상하고 부드럽게 창작했다는 점에서 김정희 시인의 언어적 서경과 서정성에 스며들 듯이 근접해 갈 수 있었고 겸하여 그의 이후의 작품들을 기다리는 이유이다.

김정희 시집

섬이 물꽃이라고?

2020년 11월 5일 인쇄
2020년 11월 15일 발행

지은이 | 김정희
펴낸이 | 강경호
인쇄 · 기획 | 도서출판 시와사람
등록 | 1994년 6월 10일 제 05-01-0155호
주소 | 광주시 동구 양림로119번길 21-1(학동)
전화 | (062)224-5319
팩스 | (062)225-5319
E-mail | jcapoet@hanmail.net

ISBN978-89-5665-575-8 03810

값 10,000원

*잘못된 책은 바꾸어 드립니다.
*이 책은 광주문화재단 예술육성지원사업의 지원으로 제작되었습니다.

공급처 ■ 한국출판협동조합

경기도 파주시 탄현면 오금리 202번지
주문전화 (02)716-5616, 070-7119-1740